OBSERVATIONS

DU MARQUIS

DE LALLY-TOLENDAL,

PAIR DE FRANCE, MINISTRE D'ÉTAT, ET MEMBRE DU CONSEIL PRIVÉ
DE SA MAJESTÉ,

SUR

LA DÉCLARATION

DE PLUSIEURS PAIRS DE FRANCE,

Publiée dans le Moniteur du mardi 27 novembre 1821.

SECONDE ÉDITION.

PARIS,

CHEZ DELAUNAY, LIBRAIRE,

GALERIE DE BOIS, PALAIS-ROYAL.

1822.

DE L'IMPRIMERIE DE FAIN, PLACE DE L'ODÉON.

OBSERVATIONS

Du Marquis DE LALLY-TOLENDAL, Pair de France, Ministre d'état, et membre du Conseil privé de Sa Majesté,

Sur la *Déclaration* de plusieurs Pairs de France, publiée dans le Moniteur du 27 novembre 1821.

———

UN papier a été remis le 24 de ce mois, non pas sur le bureau de la Cour de Paris ; cette Cour n'était plus, elle avait prononcé son arrêt, consommé sa fonction, la séance était levée et la Cour dissoute ; non pas sur le bureau de la Chambre des Pairs, la Chambre n'était pas assemblée, et ne l'avait pas été depuis une semaine : mais un papier a été remis par un Pair, entouré de plusieurs autres Pairs, dans les mains de monsieur le Chancelier, qui n'était plus en fonction.

Si ce papier était resté renfermé dans le secret, je ne dirai pas des archives, car il n'y est pas et ne pourra jamais y être placé, mais dans le secret du cabinet de monsieur le Chancelier, il n'y aurait pas à s'en occuper.

Mais ce qui était écrit sur ce papier a été imprimé et publié dans tous les journaux. J'attendais pour voir si le *Moniteur* s'associerait à cette publication ; elle y a paru ce matin ; le soin de mon honneur, la dignité de la Chambre des Pairs, mon zèle pour le service du Roi et de l'État, ne me permettent plus de me taire.

Le résultat de cette publication est que cinquante-neuf Pairs de France sont dénoncés par cinquante-deux au Roi, aux Chambres, à la France, à l'Europe, comme ayant violé trois articles de la Charte, et porté une double atteinte à l'autorité du Roi et des Chambres, savoir :

Trente-neuf, parce qu'ils ont condamné un accusé déclaré *coupable*, à une peine moins forte que celle portée au Code pénal Bonaparte, non encore réformé ;

Et dix-neuf, parce qu'ils se sont crus obligés de signer un arrêt passé à la majorité légale de la Cour, quoique, unis d'opinion avec leurs trente-neuf collègues sur la *culpabilité*, ils eussent été divisés sur la *pénalité*.

En droit : Vu l'état actuel de la législation criminelle, et le genre des procès envoyés à la haute Cour des Pairs, peut-elle arbitrer les peines ?

En fait : La haute Cour des Pairs a-t-elle posé en principe qu'elle devait avoir ce droit, et a-t-elle jusqu'ici arbitré les peines dans tous les procès qu'elle a jugés ?

Voilà les deux questions à éclaircir ; elles se confondent entre elles, et vont se résoudre ensemble.

Cité au tribunal de l'opinion, je vais y répéter fidèlement ce que j'ai dit trois fois à la Cour des Pairs, en la suppliant de m'accorder toute son attention.

« J'ai, LE PREMIER DE TOUS LES PAIRS DE FRANCE, élevé la voix pour faire triompher le principe général qu'on *ne devait pouvoir appliquer à un délit d'autre peine que celle portée textuellement dans la loi contre ce délit.*

» Le 6 décembre 1815, au premier moment où, l'audience publique renvoyée, nous fermâmes sur nous les portes de la Chambre, pour opiner sur la douloureuse condamnation du maréchal Ney, je demandai la parole, non pas *après*, mais *avant* qu'on eût dit un seul mot sur la *culpabilité*.

» Je demandai que chacun sût bien ce qu'il avait à faire, sur quoi et comment il allait opiner.

» Je demandai que la fonction des Pairs juges se bornât à prononcer, *sur leur honneur*, un de ces deux mots : *coupable* ou *non coupable*.

» Je demandai que si le mot fatal était prononcé, les Pairs n'eussent plus qu'à garder le silence ; que notre Président, comme le grand Steward d'Angleterre, ouvrît le livre de la loi, en lût le texte, fît amener l'accusé à la barre, et lui prononçât cette terrible formule : *La Cour des Pairs vous a déclaré coupable du crime de haute trahison ; la loi vous condamne à perdre la tête sur un échafaud.*

» La Cour, presque à l'unanimité, repoussa ma doctrine et ma proposition. »

Pénétré de tous les divers sentimens dont la réunion nous le rend si cher, et le rend si respectable à quiconque l'a vu siégeant sur le trône de la justice, notre Président exprima sa répugnance à prononcer seul le mot de *mort*, même en ne faisant que lire le livre de la loi. Il désira que chaque Pair opinât sur la *pénalité* comme sur la *culpabilité*.

Quelques Pairs, qui devaient le savoir, expliquèrent à ceux de leurs collègues qui l'ignoraient, que dans les anciennes *Cours* de justice appelées *souveraines*, avant de prononcer une condamnation, on faisait au moins deux tours d'opinion ; que les mtifs établis par chaque juge, lorsqu'il émettait la sienne, en déterminaient souvent d'autres à changer la leur et sur la *culpabilité* et sur la *pénalité* ; que quand la majorité n'était pas acquise à un avis par les deux tours d'opinion, on en faisait un troisième ; mais qu'alors on choisissait, parmi tous les avis divergens, les deux qui avaient eu le plus de voix, et qu'il ne restait plus aux juges qu'à se ranger pour l'un ou pour l'autre.

De toutes parts les Pairs manifestèrent le désir que les mêmes formes fussent suivies dans le jugement qu'ils allaient rendre. Quelques-uns déclarèrent en substance qu'ils se rangeaient à cet avis, non pas parce que cet usage avait été celui des parlemens, mais parce que, dans les circonstances actuelles, lorsque les sentimens les plus purs et les passions les plus nobles pouvaient assaillir l'impartialité du juge, lorsque la loi promise par l'article 33 de la Charte n'était pas encore rendue, lorsque la disproportion des peines et l'étrange définition de délits qu'offrait le Code Bonaparte ouvraient tant de voies à la délation et aux haines de parti, il était bon qu'un tribunal suprême et sans appel *opinât avec une entière liberté sur le délit et sur la peine, et ne fût pas astreint à se conformer servilement aux dispositions d'un Code* qui fut caractérisé ce jour-là comme il l'a été, il y a quatre jours, en pleine Cour des Pairs, par un organe que sa place et son nom rendaient également imposant.

Les voix recueillies sur la *culpabilité*, le Président ouvrit le premier tour d'opinion sur la *pénalité*.

La Cour se trouva partagée entre trois avis : — un pour *la mort suivant le Code pénal*, c'est-à-dire avec honte sur l'échafaud ; — un pour *la mort suivant les lois militaires*, c'est-à-dire pour faire fusiller le coupable en champ clos ; — et un pour *là déportation*. Le premier avis n'eut pour lui qu'une voix, le second 142, et le troisième 13.

Le Président annonça le second tour d'opinion , et il avait posé en principe *que ceux qui avaient voté dans le premier pour une peine plus sévère , pourraient passer à l'avis le plus doux :* ce sont les propres termes conservés dans le procès verbal, d'ailleurs beaucoup trop écourté.

Appelé à mon rang , je proférai ces mots : «Puis-» qu'il est décidé que nous arbitrons les peines , et » puisque deux peines différentes sont proposées , » je prends et prendrai toujours pour règle l'axiome » de droit qui est en même temps un axiome d'hu-» manité : *in mitiorem partem inclinandum.* Je me » range à l'avis de la déportation. »

Trois juges suivirent mon exemple. Nous fûmes dix-sept pour la déportation (le marquis de Fontanes , que nous avons eu le malheur de perdre , en était un). Le seul juge qui avait opiné pour la *mort suivant le code pénal ,* c'est-à-dire suivant l'application rigoureuse de la peine légale , se joignit aux 133 qui venaient d'opiner pour la peine *suivant les lois militaires ,* naturellement étrangères à notre compétence. Cinq juges s'abstinrent de voter.

Si ce n'est pas là ARBITRER LES PEINES , je n'entends plus la langue que je parle.

Personne alors n'imagina d'élever contre nous l'allégation inintelligible d'avoir violé l'*article* 1er. *de la Charte qui déclare tous les citoyens égaux devant la loi.* Parce qu'en vengeant les droits du Roi , nous avions exécuté sa justice *avec merci* (car pour un homme tel que le condamné, c'était beaucoup que la main qui le frapperait), nous ne fûmes accusés par personne d'avoir *porté une double atteinte à l'autorité royale et à celle des Chambres :* et les cinq juges qui avaient dit, *je m'abstiens*, ne crurent pas que *s'abstenir* de prendre part à un jugement fût acquérir le droit de dénoncer les juges.

Cependant les consciences étaient sinon troublées , du moins inquiètes. Elles avaient besoin de fixité et de sécurité, entre des ordonnances qui nous appelaient à juger tantôt *comme des Cours spéciales* dont le nom seul était odieux , tantôt *comme les autres tribunaux ,* formés d'élémens si différens des nôtres ; entre les articles qu'on pouvait conserver dans le Code pénal, et ceux dont il devait être purgé ; entre des définitions futures de délits qu'on ne pouvait deviner , et des définitions présentes qu'on ne pouvait tolérer.

Je proposai à la Chambre de supplier le Roi d'ordonner aux serviteurs de la couronne de nous présenter une loi qui mît tout à sa place, qui fixât notre compétence et réglât nos jugemens.

La Chambre se sentit soulagée en nommant une commission qu'elle chargea de s'occuper de ces grands objets.

J'eus l'honneur d'être un des commissaires. Ce fut alors qu'obligé par devoir de peser *grain à grain* toutes les parties soit du Code d'instruction criminelle, soit du Code pénal, que nous avait légués le gouvernement usurpateur, je reconnus que des motifs très-puissans avaient pu engager la Cour des Pairs à vouloir provisoirement *opiner dans une entière liberté sur les délits et sur les peines.* J'adoptai moi - même ces motifs et cette décision provisoire.

Le rapport fait par M. le comte Molé des travaux de cette commission n'a pu être oublié de ceux qui l'ont entendu. Il est consigné dans les procès-verbaux de la Chambre, ainsi que la résolution par laquelle, le 12 mars 1816, la Chambre adopta, à la pluralité de cent une voix sur cent vingt-deux, le projet de loi que ses commissaires lui proposaient de demander à Sa Majesté.

Le titre troisième de ce projet était consacré tout entier à l'*application des peines.*

Quatre ans s'étaient écoulés, et notre travail n'avait encore rien produit, et la faute n'en était pas à nous. Un forfait exécrable fut commis. Peut-être le monstre qui mit la France en deuil eût-il dû être livré à la justice ordinaire : il le fut à la nôtre. Il n'y avait malheureusement pas matière à hésitation. Il subit l'arrêt qu'il devait subir ; mais les défenseurs officiels qui lui furent donnés par la loi, et qui se firen t tant d'honneur en remplissant un si triste ministère, ne purent s'empêcher de nous porter le vœu unanime de tous le jurisconsultes, pour que la loi spéciale commandée par l'article 33 de la Charte, sollicitée par nous, promise d'année en année par le gouvernement, fût enfin accordée à nous, à nos justiciables, à tous les Français.

Au mois de janvier 1821, la Chambre des Pairs, par une résolution unanime, chargea une nouvelle commission spéciale (dont j'eus encore l'honneur d'être membre) de reprendre et de compléter ce travail de la commission de 1815, sur tous les objet relatifs à l'exercice de nos fonctions judiciaires.

Une espèce de procès-verbal a été tenu des travaux de cette nouvelle commission, séance par séance.

Voici textuellement ce qui fut arrêté dans la *cinquième séance du jeudi 8 mars*, comme devant faire partie du dispositif qu'on proposerait à la Chambre d'adopter dans la partie réglementaire de son organisation...... *Il s'établit deux tours d'opinion pour prononcer sur la culpabilité..... Deux tours d'opinion s'établissent pour prononcer sur la peine, comme on a prononcé sur la culpabilité; et, si la majortié est pour la peine de mort à la fin du second tour, ces opinions sont encore reprises une troisième fois, avant qu'il y ait arrêt.*

Je demande si ce n'est pas là la continuation du *vrécédent* posé dans le procès du maréchal Ney.

Que n'a-t-on pu connaître tout le travail des commissaires de 1821, comme on avait connu celui des commissaires de 1815! Mais le cours des affaires n'a pas même permis qu'un rapporteur de cette seconde commission fût entendu par la Chambre.

On était donc encore dans le même état d'incertitude et de perplexité d'où l'on n'était jamais sorti, lorsqu'un troisième procès, celui de la conspiration du 19 août 1820, a été envoyé à la Cour des Pairs.

Autant les deux premiers avaient présenté le caractère d'une évidence irrécusable, autant le troisième était hérissé de difficultés, dont plusieurs étaient insurmontables. Des complots très-criminels avaient certainement existé; mais les principaux coupables s'étaient évadés. Le fil de l'évidence avait été rompu. Peu de preuves matérielles : des preuves testimoniales, dont beaucoup se détruisaient l'une l'autre. Quels étaient les auteurs, les complices, les insensés, les dupes, les intrigans ?

Certes il fallait armer la justice, mais la justice armée ne frappe pas sans qu'on lui montre clairement qui elle doit frapper.

Je n'ai été juge que de l'accusation, et j'ai été sévère. Il y avait là des intérêts si grands et si sacrés! des projets et des intentions si dangereuses et si coupables! J'ai cru voir, dans la conduite de plus d'un prévenu, un *commencement d'exécution*, et je l'ai dit en les mettant en accusation.

Je n'ai pas été juge des débats et de l'arrêt définitif; je n'ai donc rien à en dire. Que cet arrêt, dans quelques-unes de ses parties, ait excité ma surprise, c'est sur quoi je dois m'imposer silence, par respect pour la chose jugée.

Mais ce que j'ai vu clairement en lisant cet arrêt, et ce qui est resté manifeste pour tout le monde, c'est que, malgré la réclamation de plusieurs Pairs dont je respecte les motifs, et dont, avec un code *purgé*, je suis prêt à soutenir les principes absolus pour l'application des peines, la Cour a encore, dans ce troisième procès, adopté le *précédent* qu'elle avait établi dans le premier, et exercé, d'une manière plus illimitée que jamais, le droit qu'elle s'était cru d'arbitrer et de modérer les peines.

Comme je l'ai dit à la Cour, je suis entré dans le quatrième procès où je viens d'être juge, sous l'impression de tous ces précédens. J'ai déclaré l'accusé *coupable*, sous la réserve exprimée nettement de mesurer le degré et la durée de la peine sur la nature du délit, sur celle des preuves, et sur les circonstances qu'on pouvait trouver atténuantes.

Il fallait m'arrêter sur ces réserves, si je n'avais plus le droit de les faire; il fallait me dire à moi, et à tous ceux qui les faisaient en même temps que moi, que la Cour changeait sa jurisprudence, et ne voulait plus arbitrer les peines, comme elle l'avait voulu jusqu'ici; et il fallait me le faire dire par la Cour elle-même. Il était même déjà tard pour me le dire, au milieu des opinions ouvertes. Il eût fallu faire ce que j'avais fait dans le procès du maréchal Ney, poser la question avant qu'on eût dit un seul mot ni de culpabilité ni de pénalité, et la faire décider de manière *que chacun sût bien ce qu'il avait à faire; sur quoi, comment il allait opiner;* enfin, *quel serait ou ne serait pas l'effet de son opinion;* car je l'ai dit vingt fois, et je le répéterai mille : J'AIME MIEUX ABSOUDRE CONTRE MA CONSCIENCE QUE TUER CONTRE MA CONSCIENCE.

Mais, après avoir reçu sans objection des votes conditionnels, vouloir en faire définitivement des votes absolus! mais méconnaître une majorité légale, la seule qui existe pour la loi dès qu'il s'agit d'absoudre ou de mitiger les peines ! mais offrir le spectacle de la minorité d'une Cour de justice dénonçant, au mépris de la chose jugée, la majorité tout à la fois légale et numérique, qui a rendu et signé un arrêt! mais dans un dissentiment déjà si triste par lui-même, quand il s'agit de questions de droit, ne pas s'arrêter du moins aux choses, et incriminer les personnes! reprocher à un arrêt rendu par des collègues la violation de la Charte, celle de l'autorité royale, et imprimer au-dessous de ce reproche les noms de tous les juges qui ont voté ou signé un arrêt si violemment inculpé! enfin, sous d'autres rapports que des rapports judiciaires, troubler par une aggression si imprévue et si intempestive l'accord si exemplaire, l'unanimité si précieuse qui avaient signalé la Chambre des Pairs dans le début de cette session importante! c'est une réunion de circonstances dont la gravité (1) ne s'est sûrement présentée à l'esprit d'aucun de ceux qui ont été entraînés par eux-mêmes ou par d'autres à signer et à publier cette étonnante déclaration.

LALLY-TOLENDAL.

---

(1) Quelque chose de moins *grave*, c'est de nous trouver accusés tout à la fois, et par les mêmes personnes, *d'attribuer l'omnipotence à la Chambre des Pairs*, et de *porter atteinte à l'autorité de la Chambre des Pairs*.